Liebe kennt den *Weg* zum *Garten* *Eden*

Liebe

kennt den Weg

zum Garten Eden

Gedichte und lyrische Betrachtungen

Gisela Stumm

Originalausgabe

Herausgeberin: Gisela Stumm

Textauswahl: Josepha Gräfin von Merveldt
Textgestaltung: Die Autorin

Bilder (im Original alle farbig,
        80 x 80 cm Acryl auf Holz):
                Evita Gründler, Regensburg
                Freischaffende Malerin

Herstellung und Verlag: Books on Demand GmbH,
                        Norderstedt

ISBN 3-8334-0031-5

Inhaltsverzeichnis

Einsam

Gemeinsam
auf dem Weg 34

Hommage an die Künstlerin
und Bibel-Malerin
EVITA

Sterntaler

Sterntaler bist du,
vom Himmel beschenkt
mit Talent und Ideen.

In deinen Händen
zerschmelzen
Symbole und Farben
zu biblischen Bildern.
Sie zaubern Lichter
an dunkle Wände,
leuchten mit ihrer Botschaft
die Winkel der Herzen aus,
beleben erstarrte Seelen,
brechen lethargisches Schweigen
und rufen nach Dialogen.
Zu deinen Füßen liegen
tausend silberne Sterne,
und jedem von ihnen gibst du
einen besonderen Namen,
wie: Liebe und Treue,
Vertrauen und Hoffnung,
Vergebung und Frieden.

Sterntaler bist du.
Beständig fallen vom Himmel
die Worte: "Es werde".

Einsam
auf der Suche

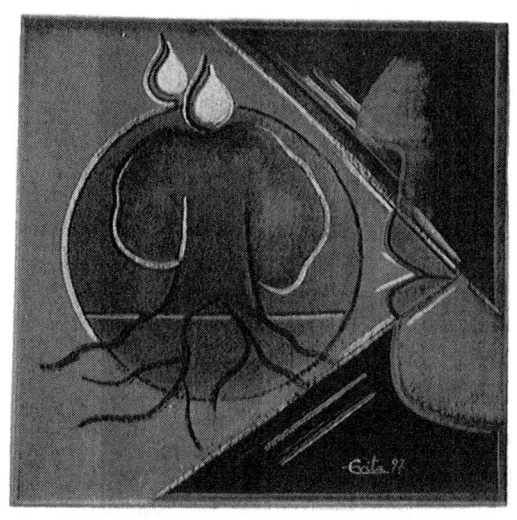

Das Fenster

Ein Fenster hast du mir geöffnet,
damit ich meine Grenzen
besser sehen kann.
Hab' sie abgeschritten,
bin erstaunt,
das Terrain ist größer als ich dachte.

Mit nackten Füßen
maß ich staubbedeckte Pfade,
stieg über Steine,
die im Wege lagen,
lief glücklich über Blumenwiesen,
schwamm mutig durch das kühle Nass.

Den Berg erklommen
ließ ich den Blick
ins Weite schweifen.
Scheinbare Unendlichkeit.
Offenbarung
meiner Kleinheit.

Es lässt sich leben
In der für mich bestimmten Welt,
auch wenn der Fuß
an Grenzen stößt.
Doch bitte,
lass das Fenster offen.

Beladen

Habe Schuld gepflückt
am Rande meines Weges
Steine am Bach gesammelt
und beladen meinen Rucksack
schwere Last
drückt auf meinen Schultern

Gedanken
Worte
Werke

Möchte wieder aufrecht gehen
mich von dem Gewicht befreien
aus den harten Steinen
will ich eine Brücke bauen
die mich tragen wird
zum Ufer gegenüber

Verlorenes Gleichgewicht

Mädchen du gestraucheltes
hast dein Gleichgewicht verloren
halte Ausschau
nach der Seele Unbehagen
werfe ab den Ballast
trübsinniger Gedanken

Geh und pflege deine Liebe
pflücke Rosen und
Vergissmeinnicht
aber lade dir
nicht mehr auf
als du tragen kannst

Nicht Ich

Ich stehe neben mir
gebe mir einen Stoß
will nicht ICH sein
nicht jetzt
nicht heute
ein andermal

ICH

Könnte ich
wie ein Reptil
mein Häute abstreifen
wie ein Wolf
aus dem Winterpelz schlüpfen
wie ein Hirsch
mein Geweih abstoßen
ich wäre
stets ein anderer
und bliebe doch
immer nur
ICH

Emanzipation

Aus der Zwangsjacke
befreit
meine Haut
umgekrempelt
über mich
hinausgewachsen
wollte kein
Chamäleon mehr sein

Verirrt

Ich habe mich verirrt
in meinen Gängen
verzweifelt
nach der Tür gesucht

und als ich
nicht mehr dran glaubte
hab ich zu mir
zurückgefunden

Verwelken

Platonische Liebe
zärtliche Gedanken
erblühen im Herzen
zu duftigen Sträußen
die in den Krügen
ohne Wasser
verwelken

Erloschen

Züngelnde Flammen
loderndes Feuer
flimmernde Glut
Substanz verbrannt
erloschen
die feurige Liebe
es blieb nichts zurück
als kalte Asche

Seelenspiegel
putzen

Wege suchen
du und ich
entgegen gehen
sich finden
in der Mitte
stehen bleiben
Gesicht ausleuchten
deines und meines

Seelenspiegel putzen
sich befreien
vom Ballast
der Vergangenheit
zeigen
leere Hände
und Arme
offen

Sich fallen lassen
spüren
den Herzschlag
du und ich
hautnah
und schweigen
im Einvernehmen
schweigen

Aufgelöst

Ich bin
wie ein glänzender Tropfen
im Netz einer Spinne

Aus ihren Fäden
befreit mich die Sonne
nur durch Verdunsten

Es hat sich alles
in Wohlgefallen
aufgelöst

Nichts als Stress

Mit Blindheit hat man dich geschlagen,
da du die Schönheit dieser Welt nicht siehst.
Hektik hat von dir Besitz ergriffen,
der Alltag frisst dich langsam auf.
Stress sitzt dir im Nacken
wie eine Riesenkrake,
die ihre kräftigen Tentakel
auf deinen Rücken, den schmerzenden,
geheftet hat.

In deinem Kopf herrscht reges Treiben,
unzählige Gedanken wimmeln
wie Ameisen in ihren Haufen.
Schleichend verätzt Salzsäure
deine Magenwände.
Die einst geliebte Tasse Kaffee
erscheint dir unverträglich.
Völlig brach liegt der Appetit
auf Schokolade.

Wie ein rasender Reporter
hetzt du Terminen hinterher.
Ohne großen Lustgewinn
hakst du die Feste deiner Freunde ab.
Stärker als gewöhnlich
drückst du das Gaspedal,
- reine Glücksache, dass du noch lebst! -
Längst ist nervöses Augenflackern
einem starren Blick gewichen.

Manchmal
träumst du mit offenen Augen
nur vom Schlafen,
drei Tage - Nächte lang an einem Stück.
Und doch gibst du dich keiner Ruhe hin.
Du glaubst, die Welt, sie bliebe stehen,
wenn du dir eine Aus-Zeit gönnst.
Steht nicht im Buch der Bücher:
"Am siebten Tage sollst du ruh'n"?

Du Narr!
Bald wird der freudenreiche Sommer
sein Zepter einem kalten Winter reichen.
Dann stehst du da, verbraucht,
mühsam gestützt auf einen Gehstock,
und rufst nach deinen warmen Puschen.
"Ich habe nichts gehabt von meinem Leben",
wirst du sagen,
"nichts weiteres als Müh' und Plag'!"

Himmelschlüsselchen, du kennst sie nicht.
Nie gesucht hast du das Glückskleeblatt.
Keine Zeit nahmst du dir für rote Rosen.
Deine Liebchen hat der Wind verweht
wie die Schirmchen einer Pusteblume.
Würde noch so viel Vergissmeinnicht
auf deinem Hügel blühen,
für deinen übertriebenen Fleiß
wird die Nachwelt dir nicht danken.

Drum wünsch ich dir als Ausgleich
und im Wechsel eine Pause,
dass Stille dir nicht unerträglich ist
und dass du spürst,
wie Ruhe deine Seele stärkt.
Betrachte die Natur mit Kinderaugen,
male Sehnsucht in die Wolken,
atme die Unendlichkeit
des Himmels ein.

Ich wünsche dir
Gelassenheit und Glück,
dass du den Schlüssel findest,
der die Tür des Herzens öffnet.
Ich wünsche dir
den starken Glauben,
dass es auch für dich
auf unserer großen Erde
kleine Paradiese gibt.

Was ein Mustang
und ein überzeugter Single
gemeinsam haben

Zäune sind nichts als Hürden,
dachte das ungezügelte Pferd,
setzte an zu einem hohen Sprung
und stob, wie ein Mustang, davon.

Ich lasse mir nicht meine Freiheit rauben,
mich nicht vor einen Karren spannen.
Ein Mustang ist schließlich kein Hund,
der seiner Herrschaft die Treue hält.
Siehe, die Welt ist schön,
und Nahrung gibt es überall.

Als der Tag zu Ende ging,
besann sich das Pferd.
Es suchte nach seinem alten Stall
und der vertrauten Wiese
leider vergebens.

Von nun an graste es heimlich
auf fremden Weiden
und flüchtete,
wenn ihr Besitzer nahte,
über neue Hürden
in die geliebte Freiheit zurück.

Nein, ein Mustang
und ein überzeugter Single,
die lassen sich
vor keinen Karren spannen.

Der Bettler

auf hundert
Hochzeiten getanzt
brennende Sohlen
quälende Schmerzen
barfuß
auf staubiger Straße
erniedrigt
zum armen Bettler

ausgestreckt
die leeren Hände
bittend
um Almosen
lauernd
auf einen Blick
wartend
auf ein Wort
hoffend
auf eine Geste

Schweigen
nichts als Schweigen
und in der Luft
Verachtung
Liebe
warum
so fern
von mir

Gestutzt

Du Leben,
in Rosen und Dornen gebettet,
wo sind deine Triebe?
Mitten ins Herz getroffen
hat dich der Frost.

Sie setzte dir zu, die eisige Kälte,
stutzte dich böse zurecht.
In tiefer Erde
verharren scheintot
nur ein paar einsame Wurzeln.

Reiße nicht aus
deinen alten Rosenstock,
schneide zurück die vertrockneten Zweige
und warte geduldig auf neues Leben.
Erholung fordert ihre Zeit.

Bald wirst du sehen:
eines Tages sprießen neue Triebe,
lachsfarbene Rosen, wie in alten Tagen,
genährt durch die Urkraft
der Mutter Erde.

Drum warte geduldig
auf mögliche Ansätze.
Gib anderen und dir eine Chance.
Doch schütze dein Leben zur rechten Zeit
vor einem eiskalten Winter.

Erneuerung

Staub von der Straße gekratzt
mit Tränen vermischt
als Maske aufs Gesicht gelegt
erstarrt zur Verpuppung
Reglosigkeit in Verbannung
Depressionen im Tiefstand

Bitte keine Ansprache
Ohren haben Durchzug
hier rein und da raus
im Gehirn flackert Sparflamme
keine Liebe für Blumen
keine Freude am Wein

Der Willenlosigkeit folgt
eines Tages die Wende
im vermeintlichen Feind
ein Sich-Selbst-Erkennen
geöffnete Flügeltüren
ermöglichen Jungfernflug

Dein Weg

Vergebens
zogst du dein Netz
durch das Wasser
der trüben Gedanken

am nachtklaren Himmel
führte dein Griff
nach den Sternen
ins Leere

im Lichtschein
der Sonne
erkannte dein Herz
seinen Weg

Herz frei

Schleusen geschlossen
den starken Stürmen
des Lebens getrotzt

Wolken verflogen
das Herz wieder frei

Sonnenlicht zaubert
zaghaftes Lächeln
auf stummes Gesicht

Unbegreiflich

Es gibt Dinge
zwischen Erde und Himmel
unbegreiflich vom Verstand
es gibt Gefühle
zwischen Himmel und Erde
nicht beschreibbar mit Worten

Euphorische Gedanken
lösen sich zögernd auf
wie eine Wolke
unter der Hitze der Sonne
und nieseln Melancholie
auf die Felder des Lebens

Lodernde Feuer scheinen gebannt
verharren in stiller Glut
beleuchten geheimnisvoll
alle kostbaren Augen-Blicke
hinter schwermütigen Lidern
warten Tränen auf Abruf

Unbegreiflich das Herz
mit seinem süßen Schmerz
den ich spüre
wenn ich
an Dich
denke

E l e g i e
eines vom Schicksal
körperlich Benachteiligten

*D*er Schneck

Bin ein Lebewesen,
weich und verletzlich,
umgeben von derber Hülle,
schmerzlose Hornhaut,
auf der ich kriechen muss.

Trage ein Häuschen
auf meinem Rücken
als Versteck vor der Welt.
Fühl' mich gefangen und
eng an mein Schicksal gekettet.

Warum bin ich verbannt
auf dem Bauche zu kriechen?
Möchte mich lösen
aus meinem Panzer
und schweben davon.

Will tanzen durch weite Fluren,
wie ein Schmetterling flattern
in Blumengärten,
aus duftenden Blüten
süßen Nektar trinken.

Möchte dir liebend gerne
einen glitzernden Stern
von der Himmelswiese pflücken.
Ach, nur die Träume
machen mein Leben erträglich.

In mir ruht die Hoffnung,
dass du mich verstehst.
Nimm' mich so,
wie ich bin:
ein Außenseiter,

dem nicht gewährt wird,
wie andere zu leben.
Auch ich bin geschaffen
von Gottes Hand,
beseelt von seinem Geiste.

Was soll ich hadern?
Kann doch nichts ändern.
Es ist, wie es ist.
Mir bleiben nur treu
die unerfüllbaren Wünsche.

Darum bitte ich dich,
die mir freundlich zugetan,
schließe mich ein,
wenn du kannst,
in dein stilles Gebet.

Rettung

vor dem Feuer

In meinem Herzen
ist gefährliches
Feuer entfacht

Hilfe! Ich brenne!
Wo ist die Rettung?

Ich springe ins Wasser
ersticke die Flammen
überlasse mich ganz
den Fluten des Meeres
versinke betäubt
auf den stillen Grund

Verwandelt als Fisch
gleite ich leise davon

An

eine platonische Liebe

Verronnen die Zeit

In weiter Ferne
glitzerndes Wasser
wie Diamanten

Auferstanden
im gleißenden Licht
DU
mit erhobenen Armen
als Fata Morgana

Zwischen Himmel und Erde
flimmerndes Herz

Verronnen die Jahre
Körnchen für Körnchen
durch Finger gerieselt
wie Sand
zum Hügel gewachsen

Verronnen das Leben
die Liebe
zerronnen die Träume

Auf verwittertem Stein
nichts mehr
als ein Name

Lichte Bilder

Gleißendes Licht
und Stille
in flimmernder Luft
Wasser als Fata Morgana
und ich
knöcheltief im hellen Sand
mit Strandgut in den Händen

Wenn ich die Augen schließe
spüre ich wieder
sengende Hitze auf meiner Haut
Erinnerungen an warme Tage
ein Herz gefüllt mit Farben
Phantasie-Landschaften
getupft auf weiße Wände

Schnell verrinnen meine Jahre
durch die Finger rieseln sie
wie Wüstensand
winzige zerfallene Teilchen
die der Wind
auf seinen Schwingen
in entrückte Ferne trägt

Wieder ein Lächeln

Einst
spülte die Quelle
der bitteren Tränen
dein Lächeln ins Meer

Im Hafen der Liebe
stieg es an Land

und tanzte
in deinem Gesicht
mit den süßen
Tränen der Freude

Übermut aus Freude

Möchte Mühlräder drehen
auf Wolken reiten
den Regenbogen spannen
den Sonnenschein trinken
die Sterne holen
die Welt umarmen
Bin über meinen Schatten
gesprungen

Im Lächeln des Mondes

Im Lächeln des Mondes
werfen die Sorgen
kürzere Schatten

im Lächeln des Mondes
werden Giganten
winzige Zwerge

im Lächeln des Mondes
gibst du der Auster
die Perle zurück

im Lächeln des Mondes
gedeiht neue Saat
in deinem Herzen

im Lächeln des Mondes
ist deine Liebe
dem Himmel so nah

im Lächeln des Mondes

In der Allee

In der Allee,
wo die Bäume eine Gasse bilden
und sich bei deinem schweren Gang
wie zu einem letzten Gruß verneigen,
dort, wo alle Linien
zu einem fernen Punkt verschmelzen,
wohnt die Ahnung.
Deine Begleiter sind
der Glaube und die Hoffnung
an eine bessere Welt.
Wie eine alte Haut
streifst du ab die Pein
und lässt zurück
die Mühsal deines Lebens.
Nunmehr erleichtert
breitest du die Flügel aus
und fliegst in aller Stille
deinem Ziel entgegen.

Gemeinsam
auf dem Weg

Die Perle

Beschützt vor den
Wogen des Meeres
so liegt in der Muschel
die Perle
in aller Stille
wächst sie heran
verborgen ist so
meine Liebe für dich
halte sie fest
sie ruht in dir

Zurück nach Eden

Verbannt
aus deinem Paradies
aßt du den Schmerz
trankst du die Tränen
bis eines Tages
die wahre Liebe
an dein Fenster klopfte
dir ein Zeichen gab
ihr stumm zu folgen
sie nahm dich bei der Hand
und führte dich
zum Garten Eden

Göttliches Menü

Einsamkeit - Gemeinsamkeit
Beide haben ihren Gang
Prägen deinen Lebenslauf
Nähren jeden Augenblick

Den Augenblick des Lachens
Den Augenblick des Weinens
Den Augenblick des Zagens
Den Augenblick des Hoffens

Der Tisch des Lebens ist gedeckt
Bediene dich, du hast die Wahl
Oder lass dir im Vertrauen
Das Menü von Gott servieren

Schlüsselworte

Dort, wo Dornröschen schlief,
sind Gefühle zum Leben erwacht.

Dort, wo das Wasser versiegte,
sprudelt wieder die alte Quelle.

Dort, wo die Blume verblühte,
brechen junge Knospen auf.

Dort, wo der Mund verstummte,
formt sich die Sprache neu.

Dort, wo die Hand gelähmt war,
eine zarte Bewegung.

Dort, wo Füße in Pantoffeln steckten,
tanzen rote Schuhe.

Dort, wo die Glut der Liebe erloschen,
brach neues Feuer aus.

Dort, im Käfig der Unmöglichkeit,
wurde die Tür zur Freiheit geöffnet

nur mit den Schlüsselworten
'Ich liebe dich'.

Königlich

König meines Herzens
hast gesprengt die Ketten
mich befreit
aus meiner
inneren Einsamkeit

Unser Dasein braucht kein Land
in dem Milch und Honig fließen
und ein Schlösschen ist uns einerlei
Den Lebenshunger stillen wir
mit Toleranz und Glücklichsein

Arm in Arm wandeln wir
im Rosengarten
und deine Liebe
kürte mich
zur Königin der Seele

Wunsch

einer vielbeschäftigten Mutter

Ach, würdet ihr euch
nur für einen Tag
von dem Zipfel
meines Rockes trennen!
Als Vogel
möchte ich mich schwingen
in des Himmels Blau.
Ich brauche Luft zum Atmen.
Als Füllhorn
kehre ich zurück
und überschütte euch
mit Liebe.

Liebe für Blech

Ketten waren gefallen,
Fesseln abgestreift,
das Tor zur Freiheit
stand offen.
Ich hab' es gespürt,
dass mir Flügel wuchsen
und fühlte mich leicht
wie der Wind.

So schwebte ich fort
in die neue Welt
mit meinem
allerersten
eigenen
fahrenden Untersatz,
Fiat Bambino,
in feurigem Rot.

Unbeschreiblich
dieses Gefühl,
das man im Leben
nur einmal haben kann.
Es ist wie beim ersten Mal
aller lieben Begebenheiten:
der unvergessliche
Jungfernflug.

B i l d e r der Malerin Marie,
so sah ich sie bei einem Rundgang
durch das kunstvolle Ambiente
ihrer kraftspendenden Oase.

*D*ie Welt

mit den Augen der Marie

Wind in den Haaren,
Sonne im Herzen,
glücklich zu zweit,
schwerelose Geschöpfe,
die ihr namenloses Antlitz
dem stillen Betrachter
für seine Selbstfindung schenken.

Farbintensives Ja
für alle Lebenslagen.
Andachtsvolle Stille
oder beschwingte Bewegung,
gemalte Lebendigkeit, in der
die Menschen mit der Natur
zu einer Einheit verschmelzen.

Verknüpfung

Liebe ignoriert Gesetze
kopfgesteuerte Grenzen

Bei Tag und Nacht
zu jeder Zeit
nimmt sie die Hürden
nistet sich ein
in das bebende Herz
um sich anhand
ihres Zauberstabes
alsbald zu vermehren

Wer sie empfängt
und Früchte trägt
den verknüpft sie
mit den Taten
des Unsichtbaren
der unsere Welt
in Ewigkeit
zusammenhält

Operation

O - P - zwei Buchstaben nur -
doch sie schlagen ein,
wie eine Bombe.
Vor meinen Augen flattert
ein rotes Tuch im Winde.
Eine eiserne Hand
greift nach meiner Kehle.
Meine Sinne laufen Amok.

Auf heißen Kohlen
warten Schere und Skalpell.
Bereit für seinen Einsatz
liegt der schwarze Faden,
ein sich später
kringelndes Tattoo
auf indianerfarbener Haut.

In meinem Herzen Totenstille.
Was ich selber tun konnte,
ist getan.
Jetzt zwingt mich Ohnmacht
auf die Knie.
Besondere Bedeutung
bekommt das Wort 'Vertrauen'.

Meinen Leib, den hilflosen,
bedeckt ein weißes Leinenhemd.
Werde ich die Welt
je wiedersehen?

Aus dem kühlen Raum
dringen warme Worte
an mein Ohr.
Weich ist die Hand,
die sich auf meine legt.

Plötzlich ergreift mich
ein wohliges Gefühl.
Mir ist, als wenn
man mich in Seide hüllt.

Aus meinem scheinbar
leblosen Kokon
entflieht der Geist
für eine kleine Reise,
statt Blut,
will er viel lieber
rote Rosen sehen,
Mykonos und Meeresrauschen.

Da ruft aus weiter Ferne
jemand meinen Namen.
"Es ist alles gut."

Danke der geübten Hand
mit dem Skalpell.
Danke allen Engeln,
die mich bewachten
und liebevoll betreuten.
Danke meinem Schöpfer,
der in dem Buche
meines Lebens
eine neue Seite
aufgeschlagen hat.

Überall du

Hab' mein Häuschen
neu gestrichen
auf Fensterläden
Herzchen rot umrandet
Gardinen aus Seide
zu Wolken gerafft
Licht durchflutet Räume

Walzerklänge
verführen zum Tanz
ich schwebe hinaus
in den Garten
küsse alle Sonnenblumen
und immer wieder
im Bauch dieses Kribbeln

Du überall du
und nirgendwo
hältst dich versteckt
in einem Winkel
meines Herzens
du Fleisch gewordener
Gedanke

Das Geheimnis

Du schwingst dich auf
aus der Tiefe
in die Höhe
du jubelst
dein Herz möchte zerspringen
du denkst
jeder müsste es dir ansehen
und willst es aller Welt erzählen
doch du sagst nichts
weder den Freunden
noch den Vertrauten
auch nicht in schwachen Stunden
du kämpfst mit dir selbst
dein Lächeln bleibt
vom Geheimnis umgeben
du lernst es
mit diesem Wissen
alleine zu leben
und baust es
in deinen Alltag mit ein
und immer wieder
ertappst du dich
wie du aus deiner Haut schlüpfst
um zugleich
dein eigener Zuschauer zu sein
dann staunst du
über den Eklat perfekt
niemand hätte das gedacht
am wenigsten du

Heute

Verstaubte Prinzipien,
ich pfeife darauf!
Bin nicht mehr die Jüngste!
Auch ich will noch leben!
Weder im Gestern,
noch im Morgen.
Nein! Heute!

Wer gibt mir meine Jugend zurück?
Wer wird mir im Alter zur Seite stehen?
Bitte keine Fragen nach gestern
und keine für morgen.

Will heute das Leben genießen,
Sonne und Mond betrachten -
und dich, mein Geliebter,
mich heute berauschen
an meinem Glück,
auf nackter Haut
den warmen Luftstrom
deines Atems spüren,
meinen Liebeshunger stillen,
mich satt trinken
an deinen süßen Küssen.

Morgen werde ich ohne Reue
sagen: Ich habe dich
heiß geliebt, gestern,
und es war wunderschön.

Eistüte

Eis aus der Tüte schlecken
mit dir
Hand in Hand

unter der Sonne
und glücklich
wie ein sorgloses Kind

das im Augenblick
genießt
den süßen Schmelz
auf der Zunge

Was
kümmern mich
die reifen Jahre

glücklich
bin ich
mit dir

Hand in Hand
durch den Sommer
und Eis
aus der Tüte

Wind

Schwungvoll das Leben
Wipfelzerzausen
Ritzengesänge
Wolkenverjagen
Versteckenspielen

Dieselbe Unrast
trägt viele Namen
lässt sich nicht zähmen
und nicht besitzen
ist Energie pur

Heute werde ich
deine Windbraut sein
mich treiben lassen
in deine Arme
zum Tanz durch die Nacht

Zweisamkeit

Dein Blick
zärtliche Liebe

Dein Mund
heißes Verlangen

Dein Arm
kraftvoll und stark

Wir decken uns zu
mit menschlicher Wärme

Im Schatten deiner Flügel

Im Schatten deiner Flügel
fühl' ich mich geborgen

wenn mein Herz
im Takt mit deinem schlägt
wir zu einer Welt verschmelzen
in der die Liebe wohnt

wenn wir das Glück
mit allen Sinnen spüren
haben wir das Ziel erreicht
nach dem wir alle streben

Im Schatten deiner Flügel
darf ruhen mein Geschick

*I*m Park

Sie saßen
auf der Bank im Park
Hand in Hand, altvertraut,
die beiden mit den weißen Haaren.
Ihre Liebe überdauerte die Zeit.
Hinter ihrem Schweigen
verbarg sich eine ganze Welt.

Nach einer Weile
stand er auf,
nahm sie behutsam
in die Arme
und ließ sie sachte
in das Polster
eines Rollstuhls sinken.

Dann pflückte er
ein Gänseblümchen
und legte es
auf ihren Schoß.
Im Vorübergehen hörte ich
ihn lächelnd fragen:
"Weißt du noch?"

Beistand

Weiß dein Haar
getrübt der Blick
schwach und krank
Ich komme

Reich mir die Hand
hier ist mein Arm
geh' einen Schritt
Ich bin da

Setz' dich nieder
leg dich hin
ruh dich aus
Ich bleibe hier

Zottel, der Stoffbär

Erfüllst du mich mit Leben,
schenk' ich dir meine Treue.

Ich werde deine Einsamkeit begrenzen.

Meine braunen Augen
werden all dein Tun verfolgen.
Ich werde auf dich warten, wenn du gehst,
deinen Schlaf bewachen, wenn du ruhst,
dir Wärme spenden, wenn du frierst,
deine Schmerzen lindern, wenn du leidest,
deine Tränen trocknen, wenn du weinst,
dir Freude schenken, wenn du traurig bist,
dich Liebe spüren lassen,
wenn deine Sehnsucht nach mir ruft.

Ich werde deine Einsamkeit begrenzen.

Erfüllst du mich mit Leben,
schenk' ich dir meine Treue.

Jahreszeiten einer Liebe

Es war Frühling.
Sie trugen Blüten in den Haaren,
pflanzten Liebe in ihr Herz
und reichten sich die Hände.
Im Garten ihrer Träume
reiften ihre Wünsche.

Im nächsten Sommer
bauten sie ein Haus
und füllten es
mit buntem Leben.
Der Wind verbreitete den Duft
von Rosen und Lavendel.

Herbstens pflückten sie
die Früchte ihrer Mühe.
In den Falten der Gesichter
verkrochen sich die letzten
warmen Sonnenstrahlen.
Tropfen hingen im Versponnenen.

Zuversicht und Bangen
setzten sich ans Feuer ihrer Liebe,
das sie in kalter Zeit noch wärmte.
An einem rauen Wintertag
breitete ihr Schöpfer
seine Arme aus.

In Stein gemeißelt nur zwei Namen.
Christrosen pflanzte ich auf ihren Hügel
zum Gedenken,
denn die beiden hatten
Samenkörner ihrer Liebe
in mein Kinderherz gelegt.

Umarmung

Der Tod umarmt das Leben
das Leben umarmt den Tod

Wir umarmen unsre Lieben
und drücken sie ans warme Herz

Es umarmt der große Himmel
das Weltenall in Ewigkeit

Nicht mehr

als ein Lidschlag

Unsere Zeit und wir -
nicht mehr als ein Lidschlag,
ein kurzer Augenblick
in der Unendlichkeit.

Und doch dreht sich die Welt
nur um unser Leben.
Wir wachsen und reifen,
verlieren und siegen.

Am Ende fragen wir
nach dem Sinn unsres Seins.
Wohl dem, der auf Erden
die Antwort gefunden.

Verkehrte Uhr

Uhr des Lebens
zurückgedreht

wir kämen als Greis
auf die Welt
und Wirklichkeit würde
der Lebensbrunnen

als kleines Kind
in der Mutter Schoß
zurückgekehrt
der Tod wäre allen gleich

wir stürben getrost
in der Liebe

An der
Quelle

Lebenswasser

ich schwimme
gegen den Strom
um meinen Durst
an der Quelle
zu stillen